ALLÍ Y AHORA

VOLUMEN UNO

ERIC REESE

Copyright © 2018 by Eric Reese

All rights reserved.

No part of this book may be reproduced in any form or by any electronic or mechanical means, including information storage and retrieval systems, without written permission from the author, except for the use of brief quotations in a book review.

ISBN: 978-1-925988-22-2

ÍNDICE

1. Así es la vida   1
2. Al que madruga, Dios lo ayuda   10
3. A falta de pan, buenas son tortas   31
4. A lo hecho, pecho   50

Dedicado a Mamá, Papá, la Señorita Bee, mis hermanas, hijas, novia, Exs, Tías, Tíos, Primos, mis maestros y profesores, Ramell Capone, Josh Peace, Kool Keith, Shaheed, Major Damage, Baldine. Darryl de el Yunk, JTO, Akee, Walt Moore, Evey Ev, Frank Silvestre, Talib Abu Sufyaan, Troy Farlow, Roger Ramirez, Micah, Riz, James Irving, Daniel Gardner, Lu Biggs, Duran, Clase de otoño de 1993 de la Universidad Lincoln, Shakaar Wims, Abdul Hafiz, Shabazz y el hermano Rasheed de SD, el tardío Shaik Ali, el viejo Carlisle, Travon de Erie Avenue, Ahmed, Jeffrey Smith, Yusef Price, Alpha Bangura, Los hermanos de UTWSD, Rasheed Wallace, Denique Graves, toda la región de Philly y sus suburbios, La clase de la primaria Mayfair de 1989, La promoción 252 de la secundaria Central, La clase de 1993 de Simon Gratz HS, a toda la Costa Sonriente "Gambia", Muhammad Madini, Dr. Muhammad Kindo y a los hermanos y hermanas de Burkina Faso, Dr. Ahmed Lo, Omar Darboe, Sidiya y su familia, Osman, Vie, a la familia Tawdheed y al resto de mis amigos de Senegal, y a aquellos que compartieron su tiempo y amistad en otros lugares..

CAPÍTULO UNO

ASÍ ES LA VIDA

En aquél entones era un niño de preescolar entre la Décima y Susquehanna con Mamá, Nana y Papá, el verano caliente era irreal en ese apartamento. Recuerdo en aquellos días de verano el ventilador soplando por la ventana de la Nana y ser paciente sin AC. Recuerdo algunas memorias de esos tiempos. Tengo visiones de estar en la guardería a menudo. No necesariamente llorando, pero Lil E siempre estaba resaltando y buscando cosas. Algo estaba perdido. Papá solía agarrarme y cargarme porque era su único hijo. Mi abuela siempre estaba a su lado. Mamá y papá estaban separados desde que cumplí tres años y nunca se casaron. Recuerdo que mis abuelos siempre me besaban y jugaban conmigo. Mamá estaba allí en el cuarto trasero creo, pero no puedo recordar la mayoría delas veces que estaba con ella. Aun así estaba allí. De acuerdo a mis abuelos y mi padre, no era mas seguido de lo necesario.

Es cuando papá siguió con su apoyo y obtuvo completa custodia de mí. Probablemente fue lo mejor para mí. Mamá hacía las cosas que hace la mayoría de la gente joven a su edad y no tenía madurez, y mis abuelos pensaron ultimadamente que era mejor para mi quedarme con papá contra los deseos de su hija. Es como es.

Por eso, me mudé a la sección de West Oak Lane de Philadelphia con papá y su nuva esposa. Sí, había algo y escuché como había salido, pero lo guardaré para otra historia. Las cosas se pusieron interesantes en este período de tiempo. Por ejemplo, recuerdo visitar a mi bisabuela paterna en la 43 ava y Lancaster Avenue unas pocas veces como niño. Una vez, mientras visitaba, mi abuela me llevó a la tienda con ella mientras estábamos allí, estaba pidiendo una pequeña pistola de agua verde. Sólo costaba diez centavos. Le imploré a mi abuela que me la comprara. No lo quería hacer, pero lo hizo igual. Cuando regresamos, mi abuelo le reclamó por eso. Nunca entendí porqué. Me quitó la pistola de agua y la regresó a la tienda. Recuerdo que me decía cuando me la compró " No se las muestres a tu abuelo."

Luego, mis padres y yo nos mudamos a otra zona de la ciudad conocida como Fern Rock. Aquí es donde mi desarrollo comenzó. Hice amigos fácilmente a la edad de cuatro años. A Lil E se le permitió jugar en la calle con sólo algunos chicos mayores de la cuadra en los que la Señorita Bee (la esposa de papá) confiaba. Hubo un día en 1979 que nunca olvidaré porque fue la primera vez que me metí en problemas. Se me dio la oportunidad de hacer un lanzamiento de fútbol de una prueba de habilidades en frente de algunos chicos mayores de la cuadra. Lo lancé tan lejos que rompió la ventana de un vecino. La culpa cayó y corrí a casa inmediatamente. Nunca pensé que los otros chicos me delatarían, pero lo hicieron.

Una mujer de 50 años fue a mi casa en unos pocos minutos y tocó la campana. La señorita Bee respondió la puerta. Estaba escondiéndome escaleras arriba. Le dijo a la Señorita Bee lo sucedido con su ventana. La señorita Bee me dijo que bajara. Mi corazón estaba acelerado. La señora y la Señorita Bee me miraron fijamente y la señorita Bee dijo, "¿Rompiste la ventana?" Estaba aterrorizado e incliné mi cabeza en afirmación. Luego, la señora me preguntó cómo iba a pagarla. Vi a la señorita Bee como preguntando cómo podía hacerlo, tengo cuatro años. La señorita Bee sugirió que trajera mi alcancía. Corrí escaleras arriba y se la di a la señora. De algún modo, recuperé ese cochinito de Buck Rogers, lo que me lleva al siguiente incidente.

Mi primo D vino a la casa un día a visitar. Era 7 años mayor que yo. Estaba ansioso por sacar el dinero del cochinito y me decía que lo abriera y por lo tanto lo hice y cuando la señorita Bee lo descubrió, se enojó. Años después le dije quién era el conspirador

También, en 1979 recuerdo ir al cine en las calles Broad y Grange para ver la película llamada Alien con la tía K del lado de la familia de la señorita Bee. No entiendo cómo el personal del cine dejó entrar a un niño de cuatro años con toda esa sangre y violencia.

Nuestra familia ama los shows de ciencia ficción y las películas de horror y me estaban atormentando esa noche. Los programas como Buck Rogers, El Mago de Oz y otros parecían que siempre estaban en TV la cena. Recuerdo a los vampiros de Buck Rogers succionando sangre de sus víctimas. Corría tras el sofá tratando de escapar de ellos, a pesar de que estaban dentro de la TV. Escuchaba este sonido que recuerda a bidi-bidi-bi. No sé quién hacía ese sonido en el programa, pero recuerdo ver a una mujer usando tejidos en la parte superior como los que se usaban esos días en el vecindario.

Sin hermanas todavía, Lil E necesitaba algo de compañía y seguro que la encontraba. Todas las chicas solían ir a la casa y sacarme o ayudarme cuando lo necesitaba. Una niñita me dijo que me iba enseñar a atarme los zapatos. Creo que se cansó de hacerlo cada vez que se lo pedía.

Una noche la tía K y yo estábamos llegando de una tienda cerca de la casa, donde pasamos por un callejón con Doberman Pinschers corriendo. Todo el vecindario corría para esconderse. Los perros atacaban a todos. Sin embargo, logramos regresar de forma segura a la casa, justo a tiempo para contarle la historia a la señorita Bee.

Mi salud era una gran preocupación durante mis años de infancia, tenía ataques de eczema tan severos que la Señorita Bee me untaba con ungüento y plástico en mis brazos y piernas para evitar que me rascara.

Sufría de asma también. Papá y la señorita Bee dejaban un humidificador en mi cuarto todas las noches. Pensar en el aire fresco me lleva al momento cundo traté de ser hábil y jugar partidos. Encendí algunas almohadas en mi habitación y las puse en la lavadora encendidas en fuego. A la edad de cinco años, no sabía cómo funcionaba la lavadora. Mis instintos me hacían creer que lavaba simplemente abriendo la puerta. Nunca jamás lo haría. Me metí en serios problemas.

Parecía que todos tenían perros en la cuadra. Nuestro vecino de al lado tenía muchos Doberman Pinschers. Cada vez que salíamos de la casa, estábamos alerta. Solían ladrar todo el tiempo.

Unos pocos meses después, la señorita Bee me puso en una guardería de la calle. Un día un una trabajadora solía ponerme en la esquina a menudo para actuar. No puedo recordar porqué. Puede que sólo haya sido un cabeza hueca.

Al siguiente año fue mi primer año del jardín de niños. Mi experiencia más memorable en el jardín de niños es cuando el bus escolar olvidó dónde vivía y me dejó en la casa equivocada a tempranas horas de la noche. El crepúsculo comenzaba a las 4:30 PM como lo vez hoy en día en diciembre en la ocsta este. Imagina un niño de cuatro años de edad siendo dejado en la casa de alguien más y el conductor acelerando. La gente me buscaba por todos lados. Sin embargo, fui capaz de regresar a casa luego de ir a la estación de policía. Había cientos de casos de niños desaparecidos si recuerdas verlos en cartones de leche en aquél entonces. No puedo recordar que alguien fuese puesto en custodia por este incidente, pero seguro que a mis padres no les cayó bien.

* * *

Papá tuvo buena suerte en una casa en la sección de Nicetown de Philly. La señorita Bee dio a luz a una niña. Lil E finalmente tenía una hermanita. Vamos a llamarla Jay. Nos mudamos en 1981. Las estaciones de TV por cable cómo HBO, Prism y Showtime eran pagadas sólo por correo. Creo que probamos HBO y Prism por 25 dólares al mes. Los niños se quedaban enganchados con los videos de VH1. Rod Stewar, Donna Summer, Lionel Richie, Michael Jackson, Cyndi Lauper, El-DeBarge y otros artistas del momento estaban allí. Lo bueno es que ahora Lil E tenía su propia habitación. Dentro de ella, había un TV en blanco y negro con la antena que tenías que ajustar cada vez que querías ver algo.

La señora Bee comenzó una guardería fuera de la casa mientras llegaba el primer grado. Durante los meses de verano antes de primer grado, Lil E era el ayudante de la señorita Bee que no quería ayudar. Era muy grande para esos chicos. La señorita Bee me daba incentivos por ayudarla. Papá hacía el desayuno cada mañana y a menudo dejaba comida a un lado para que nosotros comiéramos antes de ir al trabajo. Tenía algo de talento para cocinar.

Ahora que soy un pupilo en la primaria, era oficialmente el chico de la escuela del vecindario. Iba ala escuela Steele en la parte superior de Nicetown en Germantown Avenue. Era una caminata de 15 a 20 minutos desde mi casa. Usualmente paraba en una dulcería en el camino. Habían dos tiendas que vendían galletas de un centavo y piezas de caramelo en Blavis Street a cerca de 4 cuardas de la escuela. En la primera tienda, había una vieja mujer blanca que contaba las monedas de un centavo, 10 o 25 precisamente así como las galletas también. Si pedías 50 galletas, contaba las 50 galletas delante de ti. LOL. Se tomaba su tiempo contándolas y nunca daba galletas demás ni caramelos de más. Era una época en la que todos los chicos tenían una buena dentadura. Gastábamos el dinero del almuerzo en caramelos temprano en el día y lo negábamos a la hora del almuerzo. Otros chicos te pedían compartir el almuerzo. Desafortunadamente, tenía una adicción por los caramelos que me hizo robar por ello. ¡La forma en la que me atraparon te impresionará!

La señora Bee dejó algo de cambio bajo el teléfono de su habitación. Noté que habían muchas monedas bajo el, así que decidí usar mi oportunidad. Salí una mañana con las monedas y fui a otra tienda en Blavis Street que estaba en la otra esquina. La propietaria era negra. Fue una movida tonta. La cajera de la tienda me dijo mientras embolsaba las cosas, "Oye hombrecillo,

¿de dónde sacaste todo este dinero?" Le dije que mi madre me lo dio. Me pidió el número de la casa. Se lo di estúpidamente y me fui a la escuela con los caramelos. En la mañana, mi profesora seguía viendo que estaba merendando algo en la clase y me dijo "¿Qué tienes allí Eric?" Le mostré los cáramelos y me los quitó por el día.

Nada fue peor que regresar a casa luego esa tarde. Caminé a casa como que "Mamá, llegué." Vino con una cara aterradora y dijo " Ve a tu habitación. Tu padre va a tratar contigo cuando llegue a casa." "¿Qué hice?" Pregunté. Ella dijo, "Sabes lo que hiciste. Ahora, ve a tu habitación y quédate ahí." Se sentía como esperar una eternidad mientras papá llegaba a casa del trabajo. Una vez que llegó fue horrible. "No,no,no por favor", grité mientras papá me golpeaba con el cinturón en las piernas. Luego de la paliza, me castigaron por una semana. Sin TV, sin entretenimiento, y sin beneficios. Sólo ir a la escuela, llegar a casa, hacer la tarea, comer e ir a dormir. Papá sabía como sacarle fuego a ese cinturón de cuero. Su frustración conmigo estaba en su máximo en ese cinturón. Esa forma de disciplina en nuestro tiempo nos mantenía rectos. El primer año de escuela en la Escuela Steele hizo que mis padres se asustaran de quien sería si me permitían seguir asistiendo. Sabían que habían criado a un niño contra los modales del vecindario. La señorita Bee siempre le decía a sus allegados que no podía tener a Eric haciendo esos actos criminales. Mis padres decidieron cambiarme de escuela a final de año.

Ese momento no podía haber llegado lo suficientemente temprano a sus ojos.

Finalmente, el verano de 1981 había llegado. Comencé a desarrollar un amor para el paresonaje antagonista en todo lo que veía. Cada chico malo de la TV era mi favorito sin embargo. Sin embargo,, había una película que me cagaba llamada Poltergeist. Tenía las pesadillas más aterradoras de esta película. Una vez recuerdo que la señorita Bee me puso en la cama con mi hermana Jay luego de que me metí en el baño para escapar de los demonios. Vi en el muro. No pude escapar de ellos, así que grité por ayuda. La casa se sentía embrujada. Sin embargo, tenía más pesadillas , pero ninguna se acercaba al incidente de Poltergeist. La señorita Bee sabía mantener los fantasmas lejos de mí.

CAPÍTULO DOS

AL QUE MADRUGA, DIOS LO AYUDA

Comenzando en septiembre de 1981, iba a ir en el bus escolar desde la escuela Steele hasta La Primaria de Mayfair en el noreste de Philadelphia para comenzar segundo grado. Los chicos locales como yo eran aceptados en el programa de des-segregación. Esto nos permitió comenzar a buscar una mejor educación fuera de nuestros vecindarios. Pensé que la segregación comenzó en los 60, pero supongo que en el noreste de Philadelphia comenzó tarde. Recuerdo la forma de aplicación verde que decía claramente en la parte superior, "Des-segregación". Sin saber lo que significaba en aquél entonces, estaba claramente ciego ante el hecho de que el racismo aún existía y a´ún existe desafortunadamente. El noreste de Philadelphia era el lugar donde los irlandeses vivían. Hileras de casas en las calles y siempre limpias por fuera. Había siempre tensión cuando se pensaba en ir al Noreste para cualquiera que no fuese blanco. Al comienzo, no éramos bienvenidos en el vecindario, pero la escuela no tenía más opción que dejarnos entrar.

Fue extraño viajar todo el camino de salida de mi pueblo cada día, pero mis padres pensaban que era lo mejor para mis hermanos y yo. Definitivamente definió cómo crecí. Fuimos enviados allá a aprender y no a distraernos.

El segundo grado fue una buena experiencia para mi. Hice nuevos amigos de otras partes de la ciudad y desarrollé una pasión por otros deportes además del fútbol y el básquetbol. La educación física era genial. Nuestro profesor de gimnasia, el señor Mat, juntó un curriculum basado en diversión, preparación física y trabajo en equipo. Era un chico alto con largos brazos y piernas flacas. Podía corer muy rápido, pero realmente no me gustaba un deporte en particular además del basketball, el soccer y el softball que parecían ser mis favoritos. A menudo jugábamos soccer y hockey de campo en la escuela, lo que era raro para gente negra. Desarrollé una pasión por tocar instrumentos musicales en segundo grado también. Mi preferencia era tocar la trompeta luego de escuchar Silhouette de Kenny G, sin embargo, ser asmático no ayudaba, así que decidí tocar el violín porque mi madre solía tocar la viola. Luego de la escuela, solía practicar en mi cuarto y fui aceptado para tocar en la orquesta escolar el siguiente año escolar.

Aprendí algo de lenguaje de señas en segundo grado también. Aún recuerdo algunos gestos. La escuela no sólo era tarea para los niños. Los estudiantes bromeaban cuando los profesores no estaban cerca o no estaban viendo. A menudo nos empujábamos cuando hacíamos fila, le pegábamos a otro en la nuca y poníamos sobrenombres. Nadie maldecía como hoy en día. Ser la persona más alta de la clase, hacía que los demás, bueno sabes, me pusieran sobrenombres y arrojaran cosas. La plantilla de la escuela a menudo me señalaba sólo a mi si había alguien empujando o algo sin sentido pasaba en la fila luego del receso. ¿Por qué yo? De todas formas mis padres estaban complacidos con mi progreso en la nueva escuela, así que me recompensaban con dinero, juguetes y otras cosas.

La señora Bee dio a luz a mi segunda hermana en 1982. La llamó Jaf. Era algo quisquillosa, pero la señorita Bee solía dejarme ponerla a dormir lo que parecía fácil de hacer. Mi otra hermana solía pelear. Ambos queríamos llevarla todo el tiempo. La Señorita Bee usualmente quedaba a mi favor porque era el mayor. Durante estos años, fuimos considerados una familia de clase media en un vecindario de casi clase media. El dinero no era un problema con ambos padres trabajando. Papá continuó trabajando en el hospital en el mismo horario. Había estado trabajando ahí desde que tenía dieciocho. La señorita Bee tenía el trabajo de guardería y estaba desesperada por la necesisidad de expansión. Nuestra casa tenía suficiente espacio, pero no para todos los chicos de la guardería. Nuestras comidas eran grandes y todos en la casa estaban sanos. Me dieron el encargo de sacar la basura los martes y otras tareas cada domingo por la mañana.

El trabajo se sentía como castigo cada vez que me pedían hacerlo. Eventualmente, lo hacía. Terminé segundo grado con mejor nota que mi grado anterior en la escuela Steele, pero no logré el cuadro de honor ni entré en el programa de dotados mentales. No era lo suficientemente listo supongo. Nunca fui un dotado mental. Tercer grado fue un gran año para mí. A los estudiantes se les enseñaba a escribir y se enfocaban más en deletrear. Recuerdo el número exacto de mi salón de clase. Era el Salón 111. La señorita C era una gran maestra. Solía bromear con nosotros en clase, pero era persistente en darnos tareas. También solía chequear nuestras líneas al llegar a su salón de clase. Tenían que ser rectas y llenas. Si lo hacías bien en su clase, eras recomenzado y si no, llamaba rápido a tus padres a mitad del día. La señorita C era estricta con el deletreo. Los ejercicios repetitivos nos hicieron odiarlo, pero era necesario.

Pasé y llegué a cuarto grado con notas altas. La señorita Vick era nuestra maestra y lucía bien con esos lentes negros recortados. Era delgada y parecía Italiana. Honestamente creo que todos los hombres de la escuela querían ligar con ella, pero ninguno se acercó. Esos lentes oscuros recortados y su color de cabello oscuro hacían que los hombres que trabajaban en la escuela la codiciaran. Para los estudiantes, hacía cosas locas como competencias de break dance, sketchs humorísticos musicales, y cosas para pasar el rato en el salón de clase durante el receso para almorzar. Parece ser el momento en el que me volví parte del grupo de las Torres Gemelas como uno de los cuatro tipos más altos de la clase. En el grupo estaban Jay, Dan, Rog y yo. Esos chicos eran los mejores amigos de la escuela que pude tener. A menudo bromeábamos en cuarto grado al sentarnos en la parte de atrás de la clase. Pesadilla en Elm Street salió por ese tiempo. Jazzy Jeff y Fresh Prince sacaron un tema de la película que escuchábamos en la radio cada hora. La mayoría de nosotros pensaba que era una locura.

Mi amigo Rog del grupo podía imitar cualquier voz o personaje. Gritaba "Oh, Señorita Harris, ¿Qué está mal? Se me cansa la lengua." Todos nosotros nos tirábamos al suelo de la risa.. Ningún maestro podia detectar quien hacía esos sonidos extraños en la clase. Una vez, traté de llevar algunos fuegos artificiales a la clase. Los escondí en mi bolso y sólo le dije a algunos estudiantes. Alguién me delató. La maestra disciplinaria, la señorita Mac, llegó a la clase buscándome en el almuerzo. No jugaba y llamaba a tus padres rápidamente. La señorita Mac abrió mi bolso, encontró los fuegos artificiales y me dijo que la siguiera a su oficina. Sabía que iba a recibir una paliza cuando llegara a casa y mis padres lo supieran.

La escuela me puso en suspensión por dos días. Papá puso el cinturón de cuero en mi trasero rápidamente. El incidente total resultó en que me tuve que quedar con la Señorita Bee durante sus horas de guardería. Me llevé mi Walkman y escuché algunas canciones. Descubrí mi verdadero amor por la música hip hop. Compré cintas en blanco para grabar las mezclas de radio en Power 99 o prestar cintas de Ev y Rob en la calle. Escuché "Follow the Leader" de Eric B y Rakim cientos de veces durante mi primer día de suspensión en la guardería de la señorita Bee. Pasar tiempo allí me dio la oportunidad de escribir las letras de las canciones. Me gustaba y comencé a memorizarlas. La señorita Bee me dejaba hacer mis cosas, pero aún estaba molesta conmigo.

Noté que solía gustarle ordenar alitas de pollo frito con salsa de tomate y salsa picante para el almuerzo. Comíamos juntos mientras los niños dormían la siesta. Conocía bien el negocio de la guardería. Los padres solían venir y consultarle acerca de diferentes cosas. Algunos solían dejar chicas de mi edad allí hasta que sus padres llegaran a casa. Una chica llamada T se quedó una tarde durante la siesta de los niños y trató de acercárseme con locura. Me resistí porque me asustaban las mujeres. Me dijo que la viera y comenzó a desvestirse. Mientras tanto, me cubría los ojos como un idiota. Mantuve esto en secreto por muchos años. Cuando la vi en el vecindario años después, ya crecida, podría haberle hablado, pero nunca lo hice. Siempre solía sentarse en su porche cerca del puente de la Avenida Germantown y 19th Street en Nicetown. Aún me pregunto porqué no lo hice.

Los chicos de mi edad coleccionaban figuras de acción de GI Joe, Transformers, Gobots, Voltron y

Maestros del Universo. Esas eran las caricaturas de los 80 que comenzaban con Speed Racer a las 2 de la tarde y luego seguían Gobots a las 2:30. Usualmente llegábamos a casa de la esceula cerca de las 3:30 de la tarde. Podía ver GI Joe y Transformers. Ocasionalmente, llegaba lo suficientemente temprano para ver Maestros del Universo.

La señora Bee a veces tenía invitados en casa en las tardes. Conocí tipos del vecindario en esas visitas. Conocí a un amigo llamado Kea. Era un adicto a la computadora que le gustaba usar computadoras y jugar videojuegos. Le rogué a la señorita Bee que me comprara un Commodore Vic-20 cuando vi que Kea tenía uno. Me compró uno y jugué hasta que me aburrí, Luego la Señorita Bee me compró un Atari 2600. Siempre quise un Atari 5200 o 7800 porque tenían mejores juegos, pero no podía tener uno. Mi tía Sal tenía un 5200 en un cofre bajo sus escaleras, pero raramente nos dejaba jugar con él.

* * *

Teníamos nuestras manos en la ciencia de computadoras durante las horas de escuela. La maestra de computación nos enseñó a usar la Macintosh con el big flopy con discos de tres pulgadas y media. " No olviden sus discos", solía decir. También aprendimos a usar el programa llamado Logo. Era un programa de dibujo en el que ponías algunas coordenadas que hacían las formas y líneas. Las actividades extracurriculares eran increíbles en Mayfair. Me inmiscuí tanto que me uní al club de colectores de monedas liderado por la señorita Robinson. Era una zorra y estaba soltera dependiendo de a quién le hablaba. Los estudiantes disfrutaban su clase y humor. Cuando renunció, todos estaban tristes. Si me preguntaras, ¿Qué clase era la más aburrida? Diría que arte, música e Inglés. ¿Por qué necesito aprender de Mozart y Beethoven o historia del arte colonial? No es mi historia. Estoy impresionado de cómo odiaba el Inglés y nunca hubiese creído que un día sería maestro de Inglés.

Una vez que salía de la escuela, iba con algunos chicos de mi cuadra a montar bicicleta o patineta por el vecindario. Nuestras calles parecían distintas de nosotros. Desde la 20 ava y Wingohocking hasta la 15ava calle, cada cuadra tenía su propia forma de hacer las cosas. Los padres de Carlisle Street eran conscientes de que sus chicos se asociaban con otros. Si los chicos no eran de nuestra cuadra, los padres vigilaban cuando era hora de salir con ese individuo.

Eramos un pequeño grupo de vecinos. Hoy en día, la mayoría de mis contactos son de la cuadra. Sin embargo, no todos nos llevábamos bien y por alguna razón los chicos solían molestarme. Era un chico alto y flaco que no le gustaba pelear y nunca fue enseñado en defensa personal. Mis padres no se lo tomaban en serio.

D las infames peleas, tuve algunas en la cuadra, hubo uno que me golpeó bastante. Una pandilla de tipos se me acercaron para pelear contra mí un día en la cuadra. No sabía la razón. La mayoría eran mayores que yo. No había otros de mis hermanos o allegados de mi vecindario. Estos buscapleitos tenían primos, hermanastros o muchos amigos en el vecindario y más allá. Cuando fue el momento de pelear, traté de correr a casa de inmediato. La señorita Bee y papá me obligaron a pelar con cada uno de ellos. Peleé con cada uno hasta que los vecinos nos dijeron que parara. Peleé con cuatro chicos por lo menos. Cada vez trataba de correr a casa, mi mamá y mi papá me sacaban de vuelta a pelear. La lección era sencilla :"nunca te rindas".

Como adolescentes, nos gustaba jugar verdad o reto, consecuencia o repetir en las noches luego de que los viejos entraban. Muchos de nosotros tuvieron sus primeros encuentros con el sexo opuestoen esos juegos. Básicamente, todo excepto sexo. Tuve mis primeros toqueteos con las chicas al jugar.

De día, aprendí a manejar bicicleta, la que me había sido dada por la abuela de Mama Bee en Nueva Jersey. Tuve muchos cortes y raspaduras por esa vieja bicicleta. Mis amigos corrían por la cuadra con las mejores bicicletas en ese tiempo haciendo rieles y todo tipo de trucos. Pensaba que mis padres eran tacaños por no comprarme algo de marca o como lo que otros chicos tenían. No éramos pobres.

Sufrí en la escuela y en el vecindario porque no tenía cosas buenas. Fui constantemente abusado por algunos de mis compañeros de clase y amigos excepto por algunos que estaban en circunstancias similares o me valoraban como buen amigo. No seas tacaño con tus hijos, especialmente cuando se trata de moda. Está bien encontrar gangas, pero debes mantener sus atuendos nuvos. MI palabra de advertencia para los padres del mundo.

Me fue dada una pequeña responsabilidad. Los viejos querían que caminara a casa con mi hermana Jay y otra chica de la cuadra llamada Ri. En cierta parte de Nicetown habían hooligans que nunca iban a la escuela. Los encontrabas parados en la Escuela Steele en las tardes sólo para salir. Eran más viejos que yo. Ya que era alto y nerd, trataron de saltarme. Me perseguían a casa o saltaban a mí sin razón en la nieve o siempre que me veían. Tenía que aprender a pelear, pero aún no.

Para el receso de verano de 1984, mis padres me enviaron a un campamento en Downingtown, Pennnsylvania . Tuve unas vacaciones de dos semanas de casa finalmente. Aquí conocí a dos tipos que se volvieron mis amigos de inmediato; M y JP. M fue criado en una familia militar e iba a la escuela militar. Tenía un sistema loco para hacer las cosas. Era disciplinado excepto por su boca. Solía bromear con ese achaparrado tipo llamado Ernie en el campamento. El tipo tenía paquetes de ayuda de Spam que llegaban semanalmente mientras la mayoría de nosotros raramente tenía algo. Vivíamos juntos en una cabaña por dos semanas. Nos enseñaban supervivencia, a acampar y mucha recreación en el exterior. Era divertido. Las chicas eran sexys y las salvavidas eran aún más sexys. JP solía hablar siempre de esas juntas. JP y yo nos volvimos mejores amigos luego del campamento. Me enseñó a pararme y defenderme a medida que los años pasaban. Para el, era fácil golpear a tipos en sus bocas porque era de complexión media. Para mí, soy el tipo flaco que no podía pelear y probablemente no podía recibir un golpe. Sin embargo, nunca me noquearon, te lo aseguro.

Papá nunca me enseñó a pelear y actuaba como un retirado o algo así. Las calles tenían que enseñarme algo de defensa. Mis padres simplemente abrían una bebida, se sentaban en el porche y escuchaban Led Zeppelin, Queen o alguna otra banda de rock con sus amigos a quienes llamamos tíos. Estaban en el sótano de mi papá los fines de semana como si fuesen los sesenta. Nunca supe como mi papá se metió en la música rock siendo negro. LOL. Realmente no lo sé. La cosa loca es que comencé a averiguarlo yo mismo en mis años siguientes lo que ahora existe en la forma de música alternativa. Creo que ahora se llama Rock Alternativo. Pasé al sótano muchas veces para escuchar esas cintas cuando era más joven. El tío L solía venir a la casa unas pocas veces al año y nos regalaba cosas y dinero si nos iba bien en la escuela. Sólo esperaba que no viniera cuando estaba en castigo porque no me daría nad si estaba en la casa de perros. La casa de perros estaba en efecto sobre la estufa lisa de la cocina para ser vista. Adivina que era peor. Nuestros nombres estaban escritos bajo cada perro incluyendo a nuestros padres. Era un visitante común en el. Siendo el único chico y el mayor parecía que sólo me quedaba a mí estar en la casa de perros, la mayor parte del tiempo. La casa del perro señalaba que no podía ver TV, jugar Nintendo, recibir llamadas de teléfono o ventajas. ¿Cómo me metía en la casa de perros? Bueno, era tanto por mentir, robar o romper el orden de la casa. La señorita Bee quería que me comportara, pero los chicos son chicos.

La señora Bee comenzó a mostrarme los pasos para volverme más responsable. Primero, comenzar a planchar mis propias ropas. LOL. Eso significó planchar para la semana. Sentí que eso era extremo, especialmente para un niño de 9 años. Se estresaba de que tuviera que aprender ahora porque algún día lo haría yo mismo. Luego, eres responsable de la basura y las papeleras de reciclaje. Cada martes y Miércoles, saca esa mierda. Tercero, alimentar al perro. Esto era antes de que tuviéramos a una perra llamada Goma de mascar. Teníamos un poodle negro y marrón. Olvidé su nombre pero quizás era Penny. Era una pequeña callejera con un ladrido ruidoso que a menudo se mezclaba con el del perro de al lado, que era un pastor alemán negro. Cada vez que salíamos al porche ese Pastor Alemán nos ladraba sin razón.

Nunca le agradaba nadie. La gente tenía miedo de acercarse a nuestra casa por el perro del vecino. Nuestra poodle y el pastor del vecino eran enemigos hasta el final. Penny no le tenía medio al gran perro, pero si a todo lo demás. LOL.

En la casa de al lado de la cuadra, hice amistad con un chico llamado Carlisle. Era el nieto de mi vecino. Jugábamos videojuegos y hablábamos. Carlisle era verdadero hasta el final. Murió temprano de un ataque de asma, pero fue uno de mis mejores amigos. Unod e mis amigos más cercanos de la cuadra era mi amigo Ev. Ese chico era el amo de Tecmo Bowl. Solía vencerme con los Osos de Chicago de 1985 la mayoría del tiempo. Solía jgar con los Colts que tenían a Eric Dickerson o con los Delfines de Miami. A veces, ganaba. Erci Dickerson era mi jugador favorito de la NFL. Era muy hábil para meterse entre las líneas y tenía se paso alto famoso. También jugábamos Double Dribble, un juego de basketball bien conocido entonces. Era mejor en Double Dribble que en Tecmo Bowl. Su familia era buena conmigo. Todos desde el Tío Cray, D, La abuela, y Kiekie eran como familia para mí. Su hermana Mo es como mi hermanita incluso ahora que creció.

Mis hermanas están un poco más viejas ahora y comenzaron a hacer amigos en la cuadra. MI hermana Jay (te amo) era un poco más lenta, pero luego se recuperó completamente. Por la calle con La señorita P, La señorita J y la señorita Ly fueron algunas de sus primeras amigas porque eran compañeras de clases. Si no iba a casa luego de la escuela, iba a la casa de la señorita P. La señorita Ly también me traba bien. Cada vez que tenía que quedarme allí, Oprah siempre estaba. LOL. Odiaba ese show porque no eran mis caricaturas. ¿Por qué deberíamos estar viendo Oprah cuando estaban pasando GI Joe y Transformers? La señorita Ly no cambiaba el canal. A siempre estaba en el piso de arriba. Solía molestarla a ella y a mi hermanita cando caminábamos a casa desde la escuela sólo porque era mayor, pero ellas me molestaban también. Realmente me agradaba A, incluso cuando en esos tiempos siempre nos estábamos persiguiendo y molestando.

Pasé a quinto grado finalmente. Felicitaciones para mí. Ahora estoy en el segundo piso de Mayfair. La señora Carmen era nuestra maestra y era genial con todos .

En este grado es cuando los niños comienzan a mostrar sus hormonas al igual que las niñas. Las señoritas de color comenzaron a usar jeans apretados en 1985. No había nada como verlo y vivirlo. Teníamos unas pocas estudiantes de West Philly, Mount Airy y West Oak Lane que comenzaron a ir a la primaria Mayfair. La chica o mujer llamada Ca era la bomba. Señor ten piedad, esa chica oscura tenía el cuerpo de una mujer de quinto grado. Si la veías, tenías que decir maldición. Tenía todo el paquete. El profesor de gimnasia incluso intentó ligar con ella. Ese cuerpo era matador. Creo que ese incidente fue la razón por la cual su culo fue despedido. Ca dijo que él la estaba intentando invitar a salir y la llamar a su oficina sola muchas veces. La escuela estaba en shock.

Cuando mis amigos y yo nos enteramos, nos limitamos a hacer bromas, hacer sonidos en clases y esas cosas. En el almuerzo, hacíamos batallas de beatboxing y freestyle. Salieron los Jeans Lee de dos tnos y los primeros Air Jordan, pero sólo podía soñar con tenerlos. Aún usaba Bobos (zapatillas sin marca), En 1985, Eric B y Rakim, Krs-One, Run DMC, Pub-lic Enemy, y LL Cool J estaban matando la escena del rap. KRUSH Groove salió. Los Fat Boys estaban sacando el ritmo miedoso y Philly's own, School-ly D (el primer rapero gangsta original), DJ Jazzy Jeff, DJ Cash Money y marvelous así como también MC Breeze estaban saliendo a la escena en Philly. Power 99 con Lady B mantenía los temas en la radio. Fresh Prince y Jazzy Jeff sacaron el Brand-New Funk. La escena de hip hop de Nueva York era más ruidosa con pioneros como Africa Bambaataa, Grand-master Flash, Scorpio, Kurtis Blow, Kool Moe Dee, LL Cool J, Melly Mel y los Furious Five liderando el movimiento hip hop. Eran las viejas cabezas del juego así como también los pioneros del verdadero hip hop. Nunca escuché todos sus álbumes, pero a menudo escuchaba sus canciones en la radio. La canción de Sugar Hill Gang "Rapper's Delight" (La delicia del Rapero) era una de mis favoritas, aunque la escuché años después de haber salido en 1979. MTV Raps con Ed Lover y Dre mostraban las mejores canciones de hip hop en la tarde cerca de las 4 PM. BET sonaba en la tarde, cerca de las5 PM creo.

El Hip-Hop definió y moldeó nuestras vidas como Afroamericanos en la era de los 80. Los mensajes positivos de estar fuera de las drogas, unidad y respeto dominaban en las canciones. Raramente encontrabas maldiciones en las canciones excepto por los artistas de rap de la costa oeste. En la Costa Este, todo se trataba de las líricas. Esto hico del Hip Hop uno de los tipos de música más influénciales con un mensaje que la gente no podía resistir en una era llena de negatividad en los años 80 en América. La epidemia de crack, cocaína, hambruna, AIDS, prostitución, niños perdidos, guerras, asesinatos, y la corrupción política llenaban los titulares en TV. El movimiento Hip Hop se vio en los 80 como un camino para hooligans y gente con mente criminal. Nuestros padres lo veían como una molestia y cerca de la mitad de los años noventa fue cuando el público comenzó a aceptarlo como un trabajo de arte.

La señora Bee me presentó a la iglesia entre 1985 y 1986. Por supuesto, prefería quedarme en casa los Domingos por la mañana para dormir o ver caricaturas. Nos levantábamos a las 6 AM para ver Alimenta a los Niños mientras todos estaban durmiendo. Las imágenes que mostraban eran perturbadoras. Aprendí luego cuando viajé a África que los medios no reportan los eventos que realmente tienen lugar en África. Lo explicaré en un capítulo próximo.

Los domingos por la mañana, la señorita Bee me levantaba y se aseguraba de que me vistiera de traje y corbata para la escuela Dominical. Caminaba a la iglesia sólo la mayoría de los domingos. Ninguno de mis allegados de la cuadra iba. Usualmente me daba algo de dinero para las ofrendas. Lo hice al comienzo. Honestamente debo decir que la escuela dominical era aburrida. Me sentaba allí con otros a escuchar plegarias y evangelios, pero no podía internalizarlos o cantarlos. Era muy temprano en la mañana y la mayoría de nosotros estaban cansados de la noche anterior. Un domingo llegué a casa y mientras mi papá me ayudaba a desvestirme, le dije que quería ser musulmán. Nunca vi a un musulmán o escuché del Islam antes. El me dijo " Hijo, es tu decisión cuando seas mayor." Mi padre no era un tipo religioso. Su nivel espiritual era sólo ser una buena persona. La señorita Bee iba en las mañanas o temprano en las tardes. Mi profesora de escuela dominical parecía conocer de la Biblia, pero su cabello estaba por todo el lugar cada vez que íbamos.

Algunos años después, la vi caminando por la calle del vecindario y gritando al diablo como si estuviese poseída o como si sufriera de alguna enfermedad mental. Cada mes o cada dos meses, nuestra casa visitaba a los padres de mi papá en West Philly en la escina 51 y Locust. Nos quedábamos en una casa pequeña, sin embargo, todos los allegados cabían allí. La familia

Reese no es grande. La abuela Reese sabía que me gustaban las galletas Graham y su pan de maíz casero. Era genial. El pan de maíz chisporroteaba y se derretía en tu boca. MI abuelo Reese solía reírse mucho y era alegre. Nos amaba a todos. Me duele la forma en que murió. No lo diré por respetó a él. Nuestra familia lo extraña, era la columna de la familia.

Mis primos varones de parte de papá eran graciosos y divertidos. Son mayores que yo por al menos cinco años. Mi prima más vieja es callada y sencilla cuando habla. Mientras mi abuelo estaba vivo. Se enamoró de un chico llamado D. Pensábamos que eran la pareja perfecta. Nunca funcionó. Aún está soltera hasta el día de hoy amigo.

Volviendo al quinto grado, aprendimos a ser más independientes al hacer las tareas. Los temas se volvieron mas difíciles y la dependencia de nuestras maestras estaba disminuyendo, especialmente ahora que teníamos a la señorita Diaz como profesora. Nos reataba a resolver todo. Sin atajos. Sin trampa en ninguna de nuestras clases. Si actuábamos en el salón, nuestra madres iban a la escuela y nos pateaban el trasero en frente de la clase. Algunas veces, los padres se unían. ¿Qué da mas vergüenza que tu madre y u padre vengan a la escuela a lidiar con tu tontería? Pasaa con algunos alumnos, pero no a menudo.

La escuela tenía un sistema en el lugar para asegurar la seguridad sin usar detectores de metal. El personal a cargo de la seguridad se llamaban NTA. Algunos eran geniales, pero otros eran tímidos y temperamentales. La mayoría de ellas eran mujeres así que las tratábamos con respeto. Esos NTA estaban a cargo también de los buses escolares así como también del área de la escuela. Se montaban en el bus escolar con nosotros. Recuerdo a la señorita Watson. Era una mujer mayor con contoneo, pero te chasqueaba en un parpadeo.

Salíamos de la escuela cerca de las 2:50 a 3:00 PM y tomábamos el bus escolar de vuelta a la escuela Steele. Una vez que llegábamos a la escuela Steele, tenía que tomar el largo camino a pie desde la parte superior de Nicetown hasta que llegaba a mi lado que hora se llama Lowlands. La mayoría de los días iba lento, pero habían circunstancias en las que tenía que correr por mi vida.

La señora Bee decidió cuidar niños en Germantown Avenue y tenía que ir y comenzar a trabajar en otro campo. Mejores noticias, las chicas más sexys de nuestro bus eran de Topside como S y sus novias que eran engreídas hasta el demonio. Mostraban esos aretes gigantes con sus nombres en ellos y mostraban sus cinturones dorados. Los tipos usaban sudaderas Adidas y relojes Flavor Flav y cronómetros de color en sus cuellos con Jeff o shags. Me metí un poco en la onda. El mejor cinturón de nombre era el de oro. La señorita Bee me dio uno de plata. Para esa pascua, también me dieron una sudadera Adidas de Erie Avenue, pero todos querían un Sergio Techini, MCM, PB o Fila. Aún parecía que tener un buen par de zapatillas era algo rebuscado. No sé porqué, pero esa es otra historia.

Solía tomar el bus con un chico llamado Gee. Éramos buenos amigos y enemigos dependiendo del día de la semana. Peleamos tanto que se volvió normal. Gee es un nativo americano. Nuestros padres eran buenos con nosotros a la hora de pelear. Gee, su hermana y su madre crecieron en el vecindario. No era bueno con su hermana hasta que nos hicimos mayores. Su hermana era espléndida. Solía verla en el vecindario y sólo movía mi cabeza. Cualquiera que no era negro en el vecindario, pero había crecido allí resaltaba. Era el caso aquí. De vuelta al bus del colegio, hacíamos bromas de las madres de otros, de sus padres y cualquier cosa. La broma más graciosa tenía al bus de tu lado. Algunas veces, me sentaba en mi habitación tratando de imaginarme bromas para el siguiente día.

Finalmente terminé quinto grado Creo que fui parte del cuadro de honor una vez. La señorita Bee y papá estaban orgullosos de mí. Mis hermanas estaban creciendo y molestándome en la casa. La epidemia de crack estaba saliendo de control en Philly. Algunos de nuestros vecinos comenzaron a usarlo y los vimos pasar de humanos a zombies. Se volvieron irresponsables. El alcoholismo era incluso peor. Algunos de nuestros vecinos cayeron víctimas y tuvieron que ir a rehabilitación. Sus allegados aún los apoyaban así como también los vecinos. Ninguna enfermedad puede superarse en una pasada.

1985 era el año. Mis Adidas, Peter Piper y Mi Radio estaban de moda. Muchos estudiantes rapeaban en clase, incluso en frente de mis maestros. Run.DMC salió a la escena en Philly para presentarse en el tour de Mis Adidas en el verano. El tío L me había prometido tickets para ir, pero no iba por mi comportamiento en casa. Temprano en otoño, presenciamos el bombardeo MOVE por TV en vivo. Recuerdo estar sentado en casa con mis amigos viendo las noticias cuando el Alcalde Goode decidió bombardear una casa en medio del vecindario en West Philly. Nadie creía que la policía ordenó soltar una bomba en la ciudad en televisión nacional. Mi madre estaba asustada al igual que el resto de la ciudad. Nueve personas murieron, incluyendo niños. Fue un evento trágico que se podría haber evitado. Los sobrevivientes fueron indemnizados con millones.

CAPÍTULO TRES

A FALTA DE PAN, BUENAS SON TORTAS

Este capítulo ahonda profundamente en el comienzo de mi adolescencia. ¡Qué experiencia tan maravillosa! Si, cierto. Lil E era molestado y humillado diariamente porque no usaba la última ropa o los últimos zapatos y esto empeoró más durante el bachillerato. ¿Cómo es que un hermano va a tener novia usando escarda de Mackenzie? ¿Alguna vez lo has escuchado? Lil E parecía como el especial de Kmart en una barbacoa a la que iba en Philly del Oeste en un día de verano. Un payas en otras palabras. No seas barato con tus hijos, no funcionará.

En el verano de 1985 o 1986, nuestra vecina Ra, dos puertas abajo, trajo a una de sus primas de Carolina del Sur por unas semanas. Esa chica era flaca hasta el hueso. Su físico era delgado, con unos labios bellos, un cabillo lindo y poblado y unos ojos bellos de perrito. Todos la veían en la cuadrada, incluyéndome. Ta era amable. Mi boca solía caer de sólo verla. Se quedó por una o dos semanas. Recuerdo ver a todos los chicos de la cuadra en el garaje de Ra tratando de violar a su prima. Antes de que ella se fuera, debía decirle algo en privado. Me dio el aviso pero nunca la vi de nuevo. Esto habría sellado el trato si hubiese estado vestido. Me gustaría reiterar que la mayoría de mis problemas se debían a que la gente me veía mal por la ropa que llevaba o por usar lentes.

En sesto grado, teníamos una reformista por profesora. La señora P era tan dura como puedas imaginar para una profesora, en especial a la hora de darnos tarea. Habían pocas ocasiones en las que sonreía, pero ninguna fue notable. Era una buena profesora, sólo que era igual de estricta como un policía. LOL. Nos daba proyectos tras proyectos para hacer. Cada semana o cada dos semanas, teníamos un proyecto o reporte de libro por hacer. Pasé incontables horas en las tardes trabajando en esos proyectos. Nuestros reportes de libros eran de al menos 3 o 5 páginas y había que hacer una ilustración para la carátula.

Un compañero de clase mío llamado JK era talentoso para dibujar. Dibujaba figuras de acción, imágenes de caricaturas y personajes de película fácilmente. Este chico era talentoso. Su amigo de la escuela, Dee, era genial incluso a pesar de que me molestaba a veces. Muchos de los niños blancos de la escuela sufrían de acné, de modo que los niños negros hacían bromas rompe bolas a ellos. Sus caras se ponían rojas cuando los molestábamos. Durante el almuerzo, todos íbamos juntos a jugar baseball, basketball, soccer, damas chinas, Pelota de rey, y a pegar la pelota contra la pared. Las chicas saltaban la cuerda, hacían juegos de manos o hablaban. No encontrarías a los chicos jugando con las chicas o viceversa en esos tiempos excepto quizás en PE (educación Física).

Una chica llamada Neeq jugaba basketball cuando los chicos estaban jugando en la cancha. Se fue a jugar a la WNBA luego de ir a la Universidad de Howard. Siempre que jugábamos, me tocaba defenderla porque éramos de la misma estatura. Los chicos gritaban la palabra "Oak" cuando lanzaba. Tenía un buen tiro de gancho que siempre entraba. Mi arsenal incluía un tiro de gancho y un tiro saltador desde fuera. No podía pararme bien y mis movimientos no eran buenos.

Algunos días durante el receso, los chicos jugaban la bola del rey y Chink Ball. El Chink era el favorito de todos. Etiquetarías a quien no pudiera atajar una pelota de tenis contra el muro. La persona debe correr tan rápido como pueda al muro. La mayoría de nosotros dábamos pelotazos en la cabeza. Es un deporte peligroso especialmente cuando se jugaba con estudiantes mayores. Una vez que la campana de recreo sonaba, los estudiantes salían como ganado. El patio de la escuela era enorme. Podríamos haber tenido tres escuelas primarias en recreo al mismo tiempo y tendríamos espacio más que suficiente.

Habían otras escuelas en nuestro distrito escolar que

venían a veces para jugar en amistosos como Disston, Father Judge y St. Matthews.

* * *

Mi cuerpo estaba creciendo rápidamente. Podría haber sido el tipo más alto del salón. En la escuela, a veces encontrabas roces entre estudiantes y profesores. El profesor no tenía tiempo para los estudiantes hablando y siendo irrespetuosos en clase. Por mi parte, era respetuoso de los maestros y me aseguraba de entregar mis trabajos a tiempo. La el cinturón de cuero de papá no era broma.

Puedes preguntarte, ¿cómo era tu vida social? Bueno, no tenía novia. Mis videojuegos y vecinos eran mis compañeros más cercanos. Era un geek de los videojuegos y completé muchos juegos de consola fácilmente. Castlevania era mi favorito. Creo que completé todas las series de Nintendo. No había más opción que jugar en la TV en blanco y negro de mi habitación. La pantalla parecía como si estuviese en color. Tuve mi primera TV a color unos años después.

Algunos meses después, La señorita Bee me llevó un nuevo perro a casa llamado Goma de mascar. Dejaba pelos por todos lados. Los pelos blancos cubrían el sofá y nuestras ropas. Sin embargo, era un tipo de perro que encajaba en nuestra familia. Goma de mascar tenía actitud. Una vez que te conocía, te dejaba quieto. Una vez, goma de mascar se enfermó de un virus estomacal. Las cosas se llenaron de caca de izquierda a derecha. El olor hacía querer vomitar. Mamá la llevó al veterinario y se recuperó después de un tiempo.

Goma de mascar solía tener cortes de pelo y ropa. Era nuestra vecina favorita. Los niños solían amar jugar con ella. El perro del vecino nos cercó a ambos lados de la casa. Las pulgas inundaron el hogar y nos mordían en nuestra propia maldita casa. Mis tobillos estaban chupados por las picadas. Manteníamos las ventanas y puertas cerradas incluso en los meses de veranos para evitar esas pulgas. Mi vecino W tenía perros como si fuese una perrera. W y yo éramos buenos amigos. Jugábamos videojuegos en su habitación y hablábamos diariamente. Simplemente no podía lidiar con esas pulgas.

Las pulgas eran lo peor. Por eso es que no me gustan los perros, hasta el día de hoy. Cada casa de la cuadra tenía una situación única, pero todos los vecinos lo mantenían bien por la armonía. Teníamos grandes fiestas en la cuadra. Los capitanes de la cuadra se ponían histéricos cuando anunciaban los eventos. Los chicos más jóvenes podían correr por la calle sin supervisión durante las actividades de la cuadra. Las calles estaban bloqueadas. Nadie se quedaba en la casa cuando las fiestas comenzaban. La diversión estaba afuera. Nunca sabes si podías tener suerte y encontrar novia. Mis padres nunca me lo prohibieron, pero no me animaban tampoco. Como un chico joven, tus allegados te cuentan historias de cómo ligaron con esa chica y aquella. La mayor parte del tiempo, mentían.

La gente fashion-consciente de mis allegados tenían todo el juego (hablar con estilo) de modo que tenían más oportunidad con las mejores chicas. Nunca tuve posibilidad porque no estaba allí aún. Ese estilo nerd y bobo en 18 lo tenía como nunca. Veía a estos tipos quitándole los botones a las chicas y las chicas sólo se reían o los perseguían. Si hacía eso, le dirían a mi gente o me darían un cachetón.

Pasó una vez. Intenté ligar con una chica de la calle del estacionamiento y le dijo a su madre lo que resultó en que su madre llamó a mi madre. Dijo que la maldije también. Fue mejor para mí mantener la distancia hasta que fuese lo suficientemente cool. Había una chica que que me gustaba que solía vivir en la calle 16 llamada Ebony. Tenía esos ojos avellana, que hombre te harían caer al suelo. Sin embargo, este hermano estaba fuera de su liga.

* * *

En el verano de 1987, la señorita Bee me llevó al campo de deportes de verano de la Universidad de Temple. Podías escoger dos deportes a estudiar. Escogí beisbol y taekwondo. Habían algunas chicas lindas en el campamento, por supuesto. La gente venía de toda la ciudad para unirse. Fue cundo descubrí la primera forma de amor. Dos chicas llamadas Marg y

Tee me llamaron la atención. Marg era como la chica de mayor aprendizaje que podía hacer cualquier deporte. Tenía un cuerpo atlético y era decente. Tenía su cabello amarrado y una sonrisa bonita. Hablábamos durante el día y comíamos juntos en el almuerzo. Estuvimos cerca de ser novios puesto que me besó, pero no tuve el coraje de pedírselo. Me dio todas las pistas para estar con ella y lo desperdicié. Me gustaba tanto que soñaba con nosotros cuando regresara a casa del campamento.

Por otra mano, una chica llamada Tee era muy movida. Era alta, de piel morena y tenía unos dientes blancos como perlas con una gran sonrisa. Su cuerpo estaba bien de cabeza y hombros. Se quedaba en West Oak Lane. La seguí en secreto a su casa luego del campamento un día y memoricé el número de su casa. El señor E tenía miedo de hablarle en privado. Esperó a obtener su número hasta el último día del campamento. Traté de pedírselo, pero no aceptó mientras se metía en el bus C.

Cada vez que estaba en West Oak Lane, pasaba por su casa esperando que saliera. Desafortunadamente, algún cabeza hueca me robó una vez mientras iba a ese vecindario. Nunca pasé por allí de nuevo. Me quitó un reproductor de cintas rosado y unos audífonos de diez dólares. Los audífonos solían tener las letras "CD" escritas en un lado y estaban llenos de bajo. El ladrón me agarró por la espalda y dijo que me dejaría ir si le daba mis cosas. Traté de resistirme, pero era más fuerte que yo. El taekwondo que había visto en el campamento fue inútil. Una vez que llegué a casa, me inventé una historia para mis papás acerca de cómo perdí el reproductor de cintas y los audífonos. No podía decirles que estaba fuera del vecindario. West Oak Lane estuvo fuera de mi mapa por varios años luego de ese incidente. Luego de pasar sexto grado, los estudiantes recibían un nuevo conjunto de estándares en el séptimo que incluían algunas nuevas rutas del bus escolar. Nuestro bus se paraba en Kensington luego de la escuela Steele en las mañanas, luego iba a Mayfair. Habían algunas chicas puertorriqueñas atractivas que recogíamos. Puede que hubieran unas cuatro o cinco junto con algunos tipos también. Las dos que me gustaban eran muy lindas, una se llamaba J y su amiga ondulada D. J era la mejor de las dos. Era de estatura mediana con cabello ondulado marrón y un físico delgado. Su ingles era malo, pero entendible. Aun así, sentía mucha pena de hablare. No me costaba tanto hablarle a J, sería un reto. Ninguno de mis amigos buscaba chicas excepto por Rog. Todos estábamos en video juegos e intercambiando cintas de rap. La mayor parte del tiempo, hablábamos por teléfono luego de la escuela. Son los chicos de mi vida.

Nuestra maestra de séptimo grado, la señorita C, era una completa nerd. La otra maestra tenía estilo, pero ella no. Uno de los chicos solía llamarla "Crujiente" porque se encorvaba mientras caminaba. Hacía un sonido de crujido cuando ella pasaba al frente. ¡Qué malo! La señorita C era muy inteligente y memorizó todo el diccionario. Hubo una vez cuando la Señorita C retó a nuestra clase a escoger una palabra y nos daba el significado. Eso fue lo que hizo precisamente. Con ese conocimiento, pensarías que era una maestra de Inglés, pero enseñaba estudios sociales. La mejor maestra de la escuela. Odiaba la matemática, pero me hizo la materia divertida. Era lo suficientemente amigable para confiar en ella con cualquier cosa. Puede que me haya confiado de forma equivocada un día.

Estaba tan loco por J que le escribí una carta y la dejé balo el escritorio donde se sentaba. La señorita Minor encontró la carta y la expuso por mí. Se la leyó a la clase. Un momento después todos se estaban burlando de mí en esa clase y luego la noticia se esparció como fuego. Estaba muy avergonzado. Todos habían escuchado de la carta y hablaban de ello en el bus camino a casa. Trataba de hablarle pero no intentaba escuchar. La avergoncé de lleno. Esa fue la primera vez que salí de mi coraza y fue un desastre. J definitivamente no iba a hablarme luego de esa equivocación.

* * *

J no vivía lejos de Nicetown. Tomaba un paseo en bicicleta a veces hasta cusa para visitarla los fines de semana. La mayoría del tiempo no estaba en casa. Los puertorriqueños no eran afines a relaciones interraciales. Mi amigo Rog y D estaban juntos. No sabía que era mitad puertorriqueño hasta que fuimos juntos un fin de semana.

Luego de una o dos semanas el síndrome de "Jay Jay" murió en la escuela. Pronto fijé mi atención en otra chica llamada Da. Da era una chica blanca que siempre solía usar camisetas de tenis, licras y zapatillas todos los días. Tenía la piel bronceada y una nariz puntiaguda. Su físico era atlético. Intenté hablarle muchas veces (por supuesto, sin cartas escondidas esta vez) pero no funcionó. La escuela pronto se volvió blaco o negro porque habían pocas relaciones interraciales en la escuela y nadie las respondía.

En la segunda mitad de séptimo grado, comenzamos a ir al taller de carpintería y Economía del hogar en la Escuela DIsston lejos de Mayfair. Los chicos aprendían a cocinar, hacer objetos de madera y cocer. Si, era gracioso, pero lo hicimos. Puedo cocer mis propios botones de las camisetas. Cocinar es un deber. Tienes que comer seguramente. Mamá no cocinaba todos los días, así que era comer las sobras o prepararte algo tu mismo.

El distrito ocho comenzó a tener competencias escolares en la segunda mitad del año. Era buen corredor. La carrera a campo traviesa era mi favorita aunque era exigente para mí. Siempre quedaba entre los cinco primeros de las competencias. El basketball era mi segundo deporte favorito por la defensa. Podía parar los tiros de los oponentes con facilidad. También podía agarrar muchos rebotes. Mi juego ofensivo era un trabajo en progreso aunque podía hacer canastas de dos y de teres.

Logré el cuadro de honor dos veces ese año creo. Mis padres estaban muy orgullosos de su hijo. Finalmente vieron un cambio en mi. Las clases eran fáciles, especialmente las de ciencia. Nuestro profesor, el Sr. O, era moderno y podía relacionarse con todos los chicos. Era derecho y no se vendía. A todos le agradaba en la escuela. El sr O podía jugar pelota y era bueno. Jugaba con nosotros a veces a la hora del almuerzo. Si, bromeábamos en su clase y nos regañaba. La cosa del Sr O era que entendía de donde veníamos. Era del vecindario también. Sus proyectos de ciencia estaban llenos de creatividad y nos enseñó bien. Había un rumor de que el Sr O estaba durmiendo con maestras del personal, pero nadie lo comprobó.

Creo que oficialmente tuve un sueño húmedo en este tiempo. La señorita Bee comenzó a hablar de las aves y las abejas. Dios. Mis padres estaban diciéndome que siguiera enfocado en la escuela y no tuviera novia. El embarazo adolescente no era tan común como en estos días. No puedo recordar a nadie que haya quedado embarazada en la escucla, sin embargo, puede que en la secundaria si ocurriera.

En las noches iba a la cama a las 9 y media o 10 PM. Si me perdía la hora de dormir, la señorita Bee lo sabría. Siempre pasaba por mi dormitorio para verme por las noches. Se preocupaba por mi asma. Tuve unos pocos ataques severos de asma en séptimo grado y unas cuantas veces casi muero. Afortunadamente, llegué al cuarto de emergencias a tiempo. La mayoría de los ataques ocurrieron porque no era consistente tomándome mis medicinas o por los gatos. Era más susceptible a tener un ataque de asma con gatos alrededor o cualquier otro animal. Mi tía C mantenía algunos gatos en su casa, así que la visitábamos pocas veces al año, siempre regresaba estornudando.

Mi doctor me dijo que tomará clases de natación para ayudar a mi respiración. Le registré en el Centro Marcus Foster para las clases y terminé teniendo un ataque de asma luego de casi ahogarme. Me sumergí en casi tres metros de agua y no pude flotar. Luego de esos incidentes, fui capaz de pasar el séptimo grado.

* * *

El verano de 1988 era asesino. Era el más caliente que habíamos tenido en Philly. Había una racha de 40 días con temperatura de 90 °F. Todo se derretía. El departamento de basura vino en verano de 1988 y puede que en 1989. Todo lo que recuerdo era el horrible olor del aire circundante a Wayne Junction. La gente botaba la basura bajo los puentes a ambos lados. La señorita Bee tenía que llevarse nuestra basura también. Nadie quería caminar bajo el puente y no era muy lindo. Tenía que trabajar allí en la Avenida Pulaski, así que sabes que estaba molesto. La entrega en las calles de Germantown y

Wingohocking era un problema. La gente moría semanalmente allí.

1988 fue un mal año para los Estados Unidos en general. Distribuidores de Crack por ahí vendiendo y muchos traficantes obteniendo su paga. El proxenetismo era fácil y los enfermos salían de noche. Gary Heinick, Jefry Dahmer y otros psicópatas iban por ahí matando gente inocente y comiéndoselas. Los policías estaban matando y siendo asesinados. Era un caos total y confusión masiva.

El hip hop en el 88 fue un éxito. Había muchos artistas de rap decentes que ponían sus éxitos por todos lados. Big Daddy Kane, KRS-One, Rakim, PE, Run DMC, NWA e incluso raperos blancos como 3rd Bass y Beastie Boys que la estaban reventando. Vanilla Ice lanzó su nena de hielo (lol). El beat estaba sonando. New Kids on the Block sacaron su álbum, The Real Roxxane y Steady B estaban en efecto. Slow jams eran geniales. Los Boyz to Men de Philly saltaron a la escena con su álbum de debut y se fueron directo al número uno en la cartelera. Bobby Brown, Keith Sewat, R. Kelly, Anita Baker, Luther Vandross y muchos otros estaban reventándola en el RNB tip. Luego de las 10 de la noche, la mayoría de los cabezas viejas del vecindario cerraban con Tony Brown en Power 99. Recuerdo la voz profunda de Tony Brown haciendo que todos los oyentes se relajaran luego de un día de trabajo.

El la droga comenzó a tomar la comunidad negra en las peores partes de la ciudad. La gente necesitaba ayuda desesperadamente. El crack y el AIDS eran plagas que destrozaban a nuestros amigos y familias. Habían tantas campañas de drogas en TV y publicidades que pensarías que todo Estados Unidos estaba en drogas. Una que captaba la atención era una en la que un adolescente dice, "Te hará sentir bien, bien, bien en ecos". Luego su compañero decía, "Sólo di no." Alrededor del mundo la hambruna estaba matando gente en lugares como Etiopía y Sudan. Los misioneros circulaban histeria los Domingos en la mañana como si fuese el final.

De vuelta a mi vecindario, la mayoría de los traficantes estaban usando cadenas de oro, ropa nueva, localizadores, y uniéndose al grupo. Los chicos jóvenes gritaban en el vecindario, "¿Qué posees del hogar?" En Tv, nos mostraban una vista inhumana de África pensando que todos en África estaba desnudos y viviendo en los arbustos. Mentiras de lleno siendo expresadas, las cuales discutiremos en el próximo capítulo.

El octavo grado está finalmente aquí y todo estaba marchando rápido hasta el último semestre. Me dio viruela y estuve fuera de la escuela por dos semanas. Reprobé la clase de carpintería porque perdí el examen final y no había recuperativo. La primera "F" en mi tercera boleta. El primer reprobado de mi tercera boleta no se veía bien, sin embargo, estoy complacido de que las secundarias vean el tercer reporte de séptimo grado y el primero de octavo grado decidir la aceptación. Estaba indeciso acerca de a qué secundaria ir. Las escuelas del vecindario estaban fuera de mi lista. Me senté con el consejero de mi escuela y mis padres a discutir el tema y decidimos comenzar en 1 Secundaria Central. La Central parecía la opción ideal porque era la mejor secundaria académica de nuestra ciudad y era multicultural.

La escuela primaria era genial, pero en casa, era otra historia. Era un adolescente. Me comportaba mal, mentía y causaba problemas en la casa por algunos de mis comportamientos. Papá no lo soportaba, así que comenzó a usar sus manos en lugar del cinturón. Comencé a discutir con la señorita Bee también, así que fue un doble no. La señorita Bee llamaba a papá al trabajo y yo esperaba mi miseria en mi habitación. La señorita Bee se molestaba conmigo tantas veces que se me venía encima, principalmente con las manos u otros instrumentos de la casa. Era un chico problema. Una vez me dieron una paliza tan fuerte con un cordón de hierro en la regadera, que pensé que nunca pensaría en golpear a mis hijos hasta que los tuve.

Con muchos amigos y familias emocionadas por la graduación, la señorita Bee me llevó al mercado a escoger algún traje para la graduación. En los meses anteriores a la graduación, la clase de graduación había practicado los rituales de graduación interminablemente. La mayoría de nosotros lo odiaban porque tomaba mucho tiempo y era repetitivo. Antes de la graduación, el equipo de atletismo tuvo una reunión con el Sr. M y quería que nosotros sacáramos la basura de los otros equipos. En la reunión, mi equipo salió en segundo lugar porque mi compañero de equipo tuvo una mala salida luego de agarrar el batón. Trató de culparme, pero era su culpa. Lo hicimos lo mejor que pudimos.

Poco después de la competencia de atletismo, me metí en serios problemas en el bus escolar. Una mañana, los estudiantes se estaban comportando mal porque nuestro asistente estaba ausente ese día. Los chicos tomaron ventaja de eso y comenzaron a lanzar creyones al conductor. No podía distinguir quien lo hizo, así que toda la parte trasera del bus fue culpada. La mayoría de nosotros fuimos suspendidos del bus por una semana.

Tenía que tomar el Septa (acrónimo de Southeastern Pennsylvania Transportation Authority) a la escuela. La señorita Bee y Papá estaban meados como era usual. No me castigaron esa vez. Supongo que estaban cansados de patearme el trasero. Habían quejas constantes de mi padre a sus allegados acerca de mí. Nada se quedaba dentro de la casa. Lo descubría cuando los visitábamos o nos visitaban en vacaciones. Ningún regalo de navidad o la poca atención que mostraban hacía mí mostraba que no estaba siendo yo mismo. Una vez que terminé la suspensión del bus, recibí una bienvenida de héroe. Los actos negativos garantizan premios por alguna razón entre nuestros allegados.

Una vez que regresé, mi amigo Jay del grupo me puso algo de material de rap nuevo. Le di un álbum de 2 Live Crew "Move Something". Era uno de los últimos álbumes de rap que habían salido. Nunca recuperé la cinta. Solía visitarlo los fines de semana en West Philly. Mi abuela se quedaba en la misma zona. Jugábamos en un Sega Genesis hasta que era tiempo de irse. Jugábamos Double Dribble, Alter Beast, y Madden. Su familia era genial y era de Jamaica. Mi amigo Jay incluso me dejó una o dos pistas de reggae en algunas de mis mezclas de hip hop viejo. Su papá era estricto y lo mantenía vigilado. Lo respetaba por eso. Siempre solía ver si nos estábamos portando bien. Comprendía su preocupación porque crecer en un vecindario no era broma. La hermana mayor de Jay y su hermano también iban a Mayfair con nosotros y se graduaron uno o dos años antes que Jay y yo.

El año escolar estaba terminando y estábamos exhaustos todos. El clima comenzó a ponerse más caliente y los ensayos y tareas parecían interminables. De hecho, ¿dónde está mi anuario? No lo he visto en años. Tuve la palabra de nuevo de que sería aceptado en la Secundaria Central. Todos estaban orgullosos de mí. El trabajo duro paga. Mi familia estaba gritando y alardeando.

Mientras tanto, estaba teniendo problemas con los chicos del vecindario. Estos tipos me estaban escogiendo para el deporte. No puedo olvidar la noche buena del año de mi octavo grado, pues no se sentía como una blanca navidad, sino como una negra en el vecindario pues volveré a contar lo que tuvo lugar:

En la noche buena era el tercer episodio de la serie de Viernes de Ice Cube. Estaba caminando con un amigo RJ, quien iba a Mayfair conmigo y vivía a unas cuadras, íbamos a jugar Sega Genesis en su habitación. Un grupo de tipos me saltaron mientras cruzaba el estacionamiento del lugar. Mi amigo Rj ni siquiera me ayudó. Sólo se quedó a mirar. Corrí a casa disgustado y molesto. Los miembros de mi familia, incluyendo la mayoría de mis allegados estaban escaleras abajo celebrando. Lloré y golpeé las paredes de mi habitación por la frustración. ¡Qué blanca navidad! La señora Bee vino corriendo por las escaleras a reconfortarme. Estaba débil físicamente. Dejé de salir con RJ; no puedo andar con tipos que son egoístas. Me quedé con mi grupo de la escuela, que eran tres chicos que andábamos juntos desde cuarto grado.

Más problemas ahora con los vecinos de mis primos. Hoy en día somos buenos amigos, pero en aquél entonces era un infierno lidiar con ellos cada vez que venían a visitarnos. Pelea tras pelea sin razón. Era el cabrón que todos pensaban que podían pisotear. Espera. Sí, el suicidio pasó por mi mente muchas veces. Vivía sólo por días más brillantes.

Finalmente, llegó el día de la graduación. Creo que era el 9 o 17 de junio cuando caminamos por el pasillo.

Recibí tres premios. El más importante de todos que recibí fue el premio de la Federación de Maestros de Relaciones Humanas de Philadelphia (1989). Mis días más brillantes aún estaban por venir, pero ahora E estaba subiendo y subiendo.

CAPÍTULO CUATRO

A LO HECHO, PECHO

Puede que estés preguntándote desde los capítulos anteriores, ¿ dónde tuve mi primera interacción femenina positiva luego de todo el drama que pasé con tácticas de amor barato y ser una mezcla cuando había que vestirse como otros. Este capítulo te dará mi experiencia sin amor y puede funcionar. Veamos a dónde nos lleva.

El verano de 1989 era cálido y puede que más cálido que el del 88. Paulie y su familia, italianos, vinieron al vecindario y abrieron un supermercado en las calles Broad y Wingohocking. Nos conocieron en el vecindario al darnos trabajos en la caja registradora, el almacén o la oficina. Los embolsadores también eran contratados entre edades de 9 y 16. Alguna veces como embolsador podías hacer entre 25 y 40 dólares por día en cuartos y cambios. Tenías que asegurarte de llegar temprano o no quedarían lugares. Esta oportunidad me dio la capacidad de comprar yo mismo algunas cosas financieras. Los bobos tenían que terminar usando ropas sin nombre, estaba apunto de ser un estudiante de secundaria en unos pocos meses así que porqué no llegar fresco. I amigo Kea y yo solíamos ir al centro comercial Gallery los fines de semana. Usaba la palabra "bit-ties" cada vez que mencionaba la palabra "chicas". Lo capté rápido. Ambos usábamos lentes como geeks, excepto que el los usaba para ligar con las señoritas. Su familia lo trató bien y le dio ropa nueva. También se aseguraron de que Kea fuera a la iglesia así como que estudiara la Biblia también. Algunas veces, me gustaría marcar a lo largo de la fuerza. Iríamos buscando lazos.

De todas formas, los sábados iríamos a Gallery luego de trotar en la mañana. Comenzábamos desde La Universidad LaSalle y pasaríamos por Olney Avenue y regresábamos. Era una ruta dura que debíamos terminar en 45 minutos o una hora. Los meses de invierno eran los más rudos. Kea correría en sus botas azules Fila y se alejaría. LOL.

Uno de esos sábados, mientras estábamos caminando por el centro, pasamos entre un grupo de turistas de Carolina del Sur, quienes iban saliendo del centro comercial. Esta chica alta, oscura y hermosa me seguía viendo. Kea dijo, "E, ve por el número. Le gustas hombre." Le pedí el número y noté que estaba con su madre y miembros de su familia al momento en el que le hablé. Se quedaban en un hotel a unas pocas cuadradas de Gallery. Kea estaba como que, "E, eres valiente hombre. Hiciste eso justo delante de su gente."

Le pregunté cuanto tiempo llevaba en Philly y me dijo que sólo un día. Tenía dos números de ella, uno de Carolina del Sur y otro del hotel donde se quedaba. Tam me dijo que la llamara esa noche para salir. Salí de casa por la media noche y fui al centro de la ciudad, al hotel en Arch Street, cerca de donde está el Centro de Convenciones hoy día. No la llamé antes y llegué lo que fue un gran error. Pagué un teléfono cerca del hotel y desafortunadamente, nadie atendió. Ella trataba de obtener algo.

Unos días después, una vez que Ta (chica Carolina del Sur) regresó, me explicó que me esperó y se durmió. Estaba disgustado. En las próximas semanas, Tam y yo comenzamos a escribirnos y enviarnos fotos el uno al otro. Estaba cultivando un hermano. Ta estaba en su último año de la secundaria cuando nos conocimos. Iba al Spellman College para chicas en Atlanta. Comencé a llamarla a larga distancia al teléfono de su casa. La factura de teléfono había aumentado y mis padres se volvieron locos. Estaba enamorado finalmente. La señora Bee intentó convencerme de sólo escribir cartas. Lo hice, pero no era suficiente. Las cartas llegaban semanalmente con imágenes adulatorias de Tam. Era hermosa. Kea me dijo que estaba loco por considerar una relación con ella porque Tam.El primer amor le hace eso a un hermano. Cuando me dijo que me amaba, quedé atontado.

Las caras que intercambiábamos estaban llenas de romance, emoción, esperanza y armonía. Nada de material para adultos. Mis hermanitas me molestaban y decían cosas como "Eric tiene novia" mientras cantaban por la casa. Mis padres se aseguraron de que el servicio de larga distancia se apagara. Encontré las cosas de pluma más interesantes ese verano. Conocí a otra chica de Camden también. Gal era una linda animadora que iba a la secundaria de Camden. Fui a Camden pocas veces a verla, pero nunca tuve nada. Cuando lo hice fue que Kea y yo comenzamos a ver los cigarrillos en el segundo nivel de el Gallery. Vi a esta chica salir del elevador mientras bajábamos. Una vez que le hablé, obtuve su número y una sonrisa. Nos volvimos pareja de inmediato e hice algo con la pluma por un rato. Las cartas entraban semanalmente por esos dos amores de mi vida. Algunos de mis allegados solían llamarme el jugador fuera del estado. Pensé que lo era. No podía relacionarme con chicas de mi ciudad. Las chicas de fuera de mi estado me parecían más fáciles de contactar. Escribir cartas me daba confianza para expresar mis pensamientos más que en persona. ¿Seguí con la pluma? Tendrás que esperar para ver el siguiente volumen para ver.

www.ingramcontent.com/pod-product-compliance
Lightning Source LLC
Chambersburg PA
CBHW021124080526
44587CB00010B/626